~ Etta Husu ~

~ Mateo Alonzo ~

My first English-Spanish book

for bilingual children

- Picture dictionary
- Simple phrases to understand the context
- Pictures of daily activities - search and find a character
- List of memory words
- More than 200 new words

~ Etta Husu ~
~ Mateo Alonzo ~

About the book

<u>My First English - Spanish Book</u> is a children's book containing English and Spanish words, with beautiful illustrations and organized thematically.

The pictures are of interesting activities and are easy to put into practice in everyday life.
It is an interactive book from which children can learn over 200 common Spanish words.

The colorful pictures on the left page illustrate the keywords. On the right side are sentences describing these pictures in simple and accessible language. Of course, these sentences help you to understand the meaning of the words.
The keywords are marked in bolded sentences for easy observation and learning.

List of words
At the end of the book, you will find a list of keywords used in this book to fix the newly acquired knowledge.

Sobre el libro

My First English - Spanish Book es un libro infantil que contiene palabras en inglés y español, con bonitas ilustraciones y organizado temáticamente.

Las ilustraciones son de actividades interesantes y fáciles de poner en práctica en la vida cotidiana.
Es un libro interactivo con el que los niños pueden aprender más de 200 palabras comunes en español.

Las coloridas imágenes de la página izquierda ilustran las palabras clave. En la parte derecha hay frases que describen estas imágenes en un lenguaje sencillo y accesible. Por supuesto, estas frases ayudan a entender el significado de las palabras.
Las palabras clave están marcadas con frases en negrita para facilitar su observación y aprendizaje.

Lista de palabras
Al final del libro, encontrará una lista de palabras clave utilizadas en este libro para fijar los conocimientos recién adquiridos.

The zoo – El zoológico

1. **Tigers** sit in the sun.
2. **Giraffe** eating from the tree.
3. **Zebras** are walking.
4. **An elephant** drinks water.
5. **The hippopotamus** eats grass.
6. **Crocodile** plays in the water.
7. **Monkeys** jump in the tree.

1. **Los tigres** se sientan al sol.
2. **La jirafa** come del árbol.
3. **Las cebras** se pasean.
4. **Un elefante** bebe agua.
5. **El hipopótamo** come hierba.
6. **El cocodrilo** juega en el agua.
7. **Los monos** saltan al árbol.

Zoo animals – Animales del zoo

	English	Español
	the zebra	la cebra
	the tiger	el tigre
	the monkey	el mono
	the rhinoceros	el rinoceronte
	the elephant	el elefante
	the crocodile	el cocodrilo
	the sloths	los perezosos
	the Hippopotamus	el Hipopótamo

The farm – La granja

1. **The cow** eats grass.
2. **The farmer** likes animals.
3. **Dogs** protect the farm.
4. **Pigs** playing in the mud.
5. **The hen** lays eggs.
6. **Cat** catches a mouse.
7. **The harvest** is abundant.

1. **La vaca** come hierba.
2. **Al granjero** le gustan los animales.
3. **Los perros** protegen la granja.
4. **Los cerdos** juegan en el barro.
5. **La gallina** pone huevos.
6. **El gato** atrapa un ratón.
7. **La cosecha** es abundante.

Farm animals – Animales de granja

	the dog	el perro
	the cow	la vaca
	the tractor	el tractor
	the cat	el gato
	the sheep	la oveja
	the pig	el cerdo
	the harvest	la cosecha
	the hen	la gallina

The beach - La playa

1. **The sea** is blue.	1. **El mar** es azul.
2. **The sand** is yellow.	2. **La arena** es amarilla.
3. **The sailboat** is sailing.	3. **El velero** está navegando.
4. A boy is **surfing**.	4. Un niño está **surfeando**.
5. Children make **sandcastles**.	5. Los niños hacen **castillos de arena**.
6. **The seagull** eats fish.	6. **La gaviota** come pescado.
7. There are many **big waves.**	7. Son muchas las **olas grandes**.

On the beach – En la playa

	the sand	la arena
	seagulls	las gaviotas
	the waves	las olas
	Sandcastles	castillos de arena
	Surfing	El surf
	Beach toys	Los juguetes de la playa
	the sailboat	el velero
	Sea animals	animales marinos

My Family – Mi familia

1. **My mother** sits at the table.
2. **My father** is talking to **my grandfather**.
3. **My brother** is playing with the train.
4. **My grandmother** helps **my sister**.
5. **My aunt** sits on the couch.
6. **My uncle** drinks water.
7. **My cousins** watch TV.

1. **La madre** está sentada en la mesa.
2. **Mi padre** está hablando con mi **abuelo**.
3. **Mi hermano** está jugando con el tren.
4. **Mi abuela** está ayudando a mi **hermana.**
5. **Mi tía** se sienta en el sofá.
6. **Mi tío** bebe agua.
7. **Mis primos** ven la televisión.

Family members - Miembros de la familia

	my grandfather	mi abuelo
	my grandmother	mi abuela
	my mother	mi madre
	my father	mi padre
	my sister	mi hermana
	my brother	mi hermano
	my aunt	mi tía
	my cousins	mis primos

On the street – En la strada

1. The man crosses **the street**.	1. El hombre cruza **la calle**.
2. People are on **the sidewalk**.	2. La gente está **en la acera**.
3. **The bus** stops at the station.	3. **El autobús** se detiene en la parada.
4. The car stops at the **traffic light**.	4. El coche se detiene en **el semáforo**.
5. The boy rides a **bicycle**.	5. El niño monta en **bicicleta**.
6. **The car** is red**.	6. **El coche** es rojo.
7. **The police car** goes fast.	7. **El coche de policía** va rápido.

Street – Estrada

	English	Español
	the bicycle	la bicicleta
	the car	el coche
	Police car	el coche de policía
	the traffic light	el semáforo
	A pedestrian	Un peatón
	the hydrant	la boca de riego
	Traffic signs	Las señales de tráfico
	the bus	el autobús

In my bedroom – En mi dormitorio

1. I sleep in **my bed**.	1. Yo duermo en **mi cama**.
2. **The alarm clock** is on the shelf.	2. **El despertador** está en la estantería.
3. I like to watch **TV**.	3. Me gusta ver la **televisión**.
4. My bed is next to the **window**.	4. Mi cama está junto a la **ventana**.
5. **My clothes** are in the **closet**.	5. **Mi ropa** está en **el armario**.
6. **My Walkman** is on the carpet.	6. **Mi walkman** está en la alfombra.
7. **My toys** are in the box.	7. **Mis juguetes** están en la caja.

The bedroom – El dormitorio

	English	Spanish
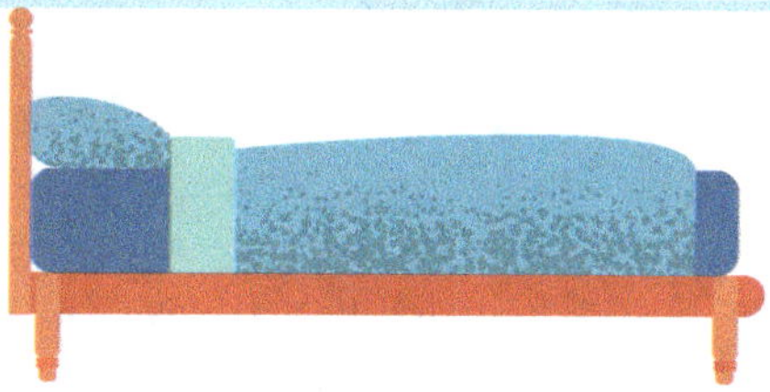	the bed	la cama
	the alarm clock	el despertador
	the shelf	la estantería
	the Television	la televisión
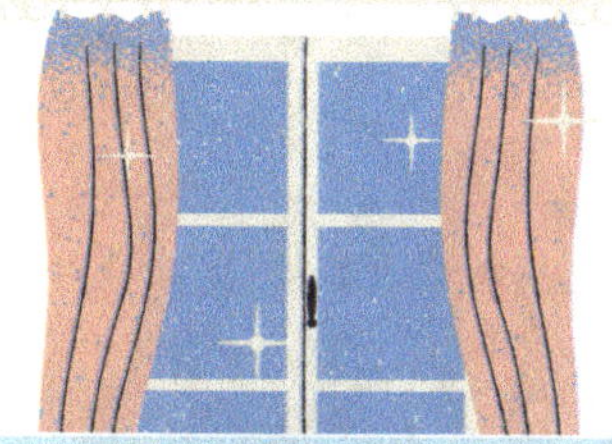	the window	la ventana
	the wardrobe	el armario
	thc walkman	el walkman
	the carpets	las alfombras

Insects and colours – Insectos y colores

1. Butterflies have **pink** wings.	1. Las mariposas tienen alas **rosas**.
2. The dragonfly is **turquoise**.	2. La libélula es de color **turquesa**.
3. Bees collect **yellow** pollen.	3. Las abejas recogen el polen **amarillo**.
4. The ant is **red**.	4. La hormiga es **roja**.
5. Ladybug has **black** spots.	5. La mariquita tiene manchas **negras**.
6. The cricket is **green**.	6. El grillo es **verde**.
7. The snail has a **brown** shell.	7. El caracol tiene una concha **marrón**.

Insects – Insectos

	English	Spanish
	the butterfly	la mariposa
	the caterpillar	la oruga
	the bee	la abeja
	the ant	la hormiga
	the dragonfly	la libélula
	the cricket	el grillo
	the ladybug	la mariquita
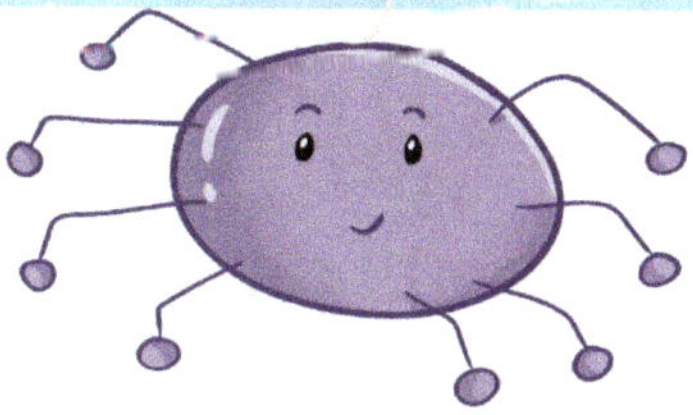	the spider	la araña

In camping – En el camping

1. I love **hiking** in the mountains.	1. Me encanta **el senderismo** en las montañas.
2. **The mountain** is very high.	2. **La montaña** es muy alta.
3. **At night** it is cold.	3. **Las noches** son frías.
4. We make a **campfire**.	4. Hacemos **una hoguera**.
5. We bake **marshmallows**.	5. Horneamos **malvaviscos**.
6. We sleep in a **tent**.	6. Dormimos en una tienda de **campaña**.
7. We catch **fireflies**.	7. Atrapamos **luciérnagas**.

In camping – En el camping

	English	Español
	the tent	la tienda
	the map	el mapa
	the campfire	la hoguera
	the fir tree	el abeto
	the backpack	la mochila
	the mountains	las montañas
	the moon	la luna
	the firefly	la luciérnaga

It's party time! – ¡Es la hora de la fiesta!

1. **The cake** is on the table.	1. **Pastelería** está en la mesa.
2. **The pizza** is hot.	2. **La pizza** está caliente.
3. The ladies are **drinking tea**.	3. Las señoras están **bebiendo té**.
4. We get nice **presents**!	4. ¡Nos van **a regalar** cosas bonitas!
5. The room is **decorated**.	5. La sala está **decorada**.
6. We have delicious **pie**.	6. Tenemos un delicioso **tarta**.
7. **The juice** is cold.	7. **El zumo** está frío.

Party ! – ¡Fiesta!

	English	Español
	gifts	regalos
	the Cake slice	el trozo de tarta
	the pizza	la pizza
	the music	la música
	the juice	el zumo
	Balloons	Los globos
	Tea cup	La taza de té
	Cookies	Las galletas

In the kitchen – En la cocina

1. Mommy **digs the dishes.**
2. **The pots** are on the stove.
3. **The vegetables** are on the table.
4. Michael has **a glass of water**.
5. **The puppy** wants meat.
6. **The spoon** is dirty.
7. Daddy made **pizza.**

1. Mamá **lava los platos**.
2. **Las ollas** están en la estufa.
3. **Las verduras** están en la mesa.
4. Michael toma un **vaso de agua**.
5. **El cachorro** quiere carne.
6. **La cuchara** está sucia.
7. Papá hizo **pizza**.

In the kitchen – En la cocina

 the table	la mesa
 the chair	la silla
 the spoon	la cuchara
 the fork	el tenedor
 the knife	el cuchillo
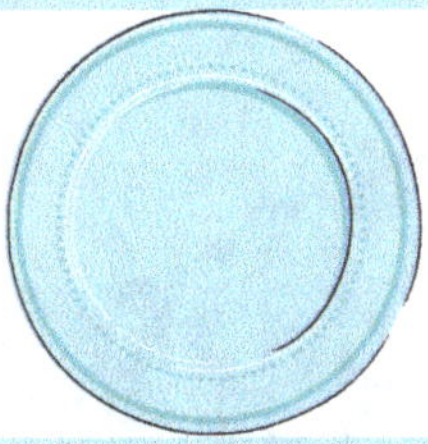 the plate	el plato
 the glass	el vaso
 the pot	la olla

It's bath time! – ¡Es la hora del baño!

1. We wash with **soap**.	1. Nos lavamos con **jabón**.
2. **The toothpaste** is open.	2. **La pasta de dientes** está abierta.
3. **The mirror** is over the sink.	3. **El espejo** está sobre el lavabo.
4. **The towels** are on the floor.	4. **Las toallas** están en el suelo.
5. **The toilet** is next to the tub.	5. **El inodoro** está al lado de la bañera.
6. **The water** is warm.	6. **El agua** está caliente.
7. The ducks are **swimming.**	7. Los patos están **nadando**.

Bathroom - Baño

	the mirror	el espejo
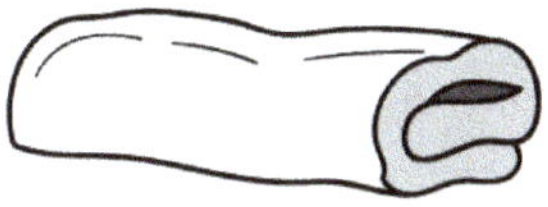	the towel	la toalla
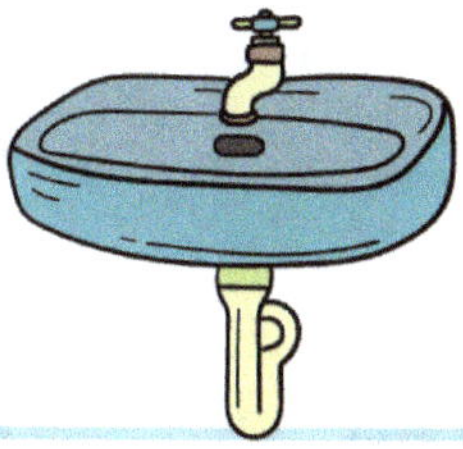	the sink	el lavabo
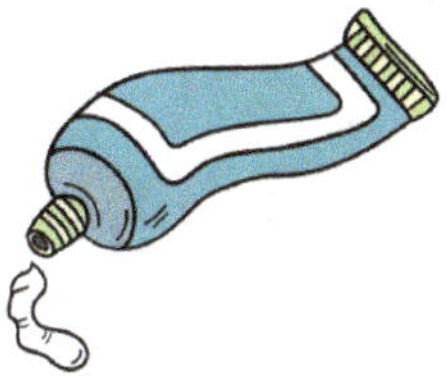	the toothpaste	el pasta de dientes
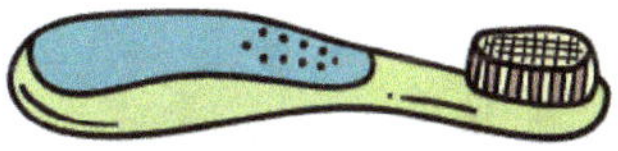	the toothbrush	el cepillo de dientes
	the shower	la ducha
	the soap	el jabón
	the toilet	el inodoro

Waiting for Christmas – Esperando la Navidad

1. **Santa** is coming!
2. **Reindeer** fly in the sky.
3. **The fir tree** is ornamented.
4. **The snowman** is dressed.
5. **The snow fight** begins.
6. The girls are **skating**.
7. **The presents** are ready.

1. ¡Viene **Papá Noel**!
2. **Los renos** vuelan en el cielo.
3. **El árbol** está decorado.
4. **El hombre de nieve** está vestido.
5. Comienza **la fiesta de la nieve**.
6. Las chicas van **en patines**.
7. **Los regalos** están preparados.

About Christmas – Sobre la Navidad

	Santa Claus	Papá Noel
	the elf	el duende
	reindeers	renos
	ice skates	patines de hielo
	bells	las campanas
	the snowman	el hombre de nieve
	snow flakes	copos de nieve
	the gift	el regalo

In the classroom – En la clase

1. **Students** learn at school.
2. **Books** are on the bench.
3. **Sheets** are on the floor.
4. **The ruler** has broken.
5. **The pen** no longer writes.
6. **The backpack** is mine.
7. Karina plays on **the computer**.

1. **Los alumnos** aprenden en la escuela.
2. **Los libros** están en el escritorio.
3. **Las sábanas** están en el suelo.
4. **La regla** se ha roto.
5. **La pluma** ha dejado de escribir.
6. **La mochila** es mía.
7. Karina está jugando en **el ordenador**.

Classroom – Clase

	English	Español
	the backpack	la mochila
	the book	el libro
	the notebook	el cuaderno
	the laptop	el portátil
	the student	el estudiante
	the scissors	las tijeras
	the bench	el banco
	the pen	el pluma

List of words
Zoo animals – Animales del zoo

the zebra	la cebra
the tiger	el tigre
the monkey	el mono
the rhinoceros	el rinoceronte
the elephant	el elefante
the crocodile	el cocodrilo
the sloths	los perezosos
the Hippopotamus	el Hipopótamo
Giraffe	la jirafa

Lista de palabras
Farm animals – Animales de granja

the dog	el perro
the cow	la vaca
the tractor	el tractor
the cat	el gato
the sheep	la oveja
the pig	el cerdo
the Harvest	la cosecha
the hen	la gallina
The farmer	El agricultor

On the beach – En la playa

the sand	la arena
the seagulls	las gaviotas
the waves	las olas
sandcastles	los castillos de arena
surfing	el surf
beach toys	los juguetes de la playa
the sailboat	el velero
sea animals	los animales del mar
the sea	el mar

Family members – Miembros de la familia

my grandfather	mi abuelo
my grandmother	mi abuela
my mother	mi madre
my father	mi padre
My sister	mi hermana
My brother	Mi hermano
My aunt	Mi tía
My cousins	Mis primos

Street – Estrada

the bicycle	la bicicleta
the car	el coche
Police car	el coche de policía
the traffic light	el semáforo
A pedestrian	un peatón
the hydrant	la boca de riego
Traffic signs	las señales de tráfico
the bus	el autobús
the street	la calle
the sidewalk	la acera

The bedroom – El dormitorio

the bed	la cama
the alarm clock	el despertador
the shelf	la estantería
the Television	la televisión
the window	la ventana
the wardrobe	el armario
the walkman	el walkman
the carpets	las alfombras
My clothes	mi ropa
the closet	el armario

In camping – En el camping

the tent	la tienda de campaña
the map	el mapa
the campfire	la hoguera
the fir tree	el abeto
the backpack	la mochila
the mountains	las montañas
the moon	la luna
the firefly	la luciérnaga

Insects – Insectos

the butterfly	la mariposa
the caterpillar	la oruga
the bee	la abeja
the ant	la hormiga
the dragonfly	la libélula
the cricket	el grillo
the ladybug	la mariquita
the spider	la araña

Party! – ¡Fiesta!

Gifts	Regalos
Cake slice	Rebanada de pastel
the pizza	la pizza
the music	la música
the juice	el zumo
Balloons	Los globos
Tea cup	Taza de té
Cookies	Las galletas

In the kitchen – En la cocina

the table	la mesa
the chair	la silla
the spoon	la cuchara
the fork	el tenedor
the knife	el cuchillo
the plate	el plato
the glass	el vaso
the pot	la olla

The bathroom – El baño

the mirror	el espejo
the towel	la toalla
the sink	el lavabo
the toothpaste	la pasta de dientes
the toothbrush	el cepillo de dientes
the shower	la ducha
the soap	el jabón
the toilet	el inodoro

The colours – Los colores

white	blanco
black	negro
red	rojo
blue	azul
green	verde
turquoise	turquesa
orange	naranja
purple	morado
yellow	amarillo

Classroom – Clase

the backpack	la mochila
the book	el libro
the notebook	el cuaderno
the laptop	el portátil
the student	el estudiante
the scissors	las tijeras
the bench	el banco
the pen	el pluma

About Christmas – Sobre la Navidad

Santa Claus	Papá Noel
the elf	el duende
reindeers	renos
ice skates	patines de hielo
bells	campanas
the snowman	el hombre de nieve
snow flakes	copos de nieve
the gift	el regalo